LA
CONFÉRENCE

PARIS

IMPRIMERIE DE L. TINTERLIN ET C°
rue Neuve-des-Bons-Enfants, 3.

LA
CONFÉRENCE

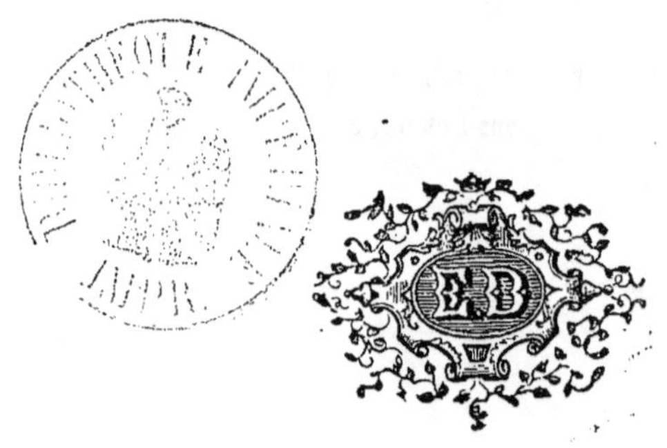

PARIS

E. DENTU, LIBRAIRE-ÉDITEUR

PALAIS-ROYAL, 13, GALERIE D'ORLÉANS

1860

LA

CONFÉRENCE

I.

La Suisse a proposé de livrer l'examen de ses préten-
tions sur les provinces du nord de la Savoie, à une conférence des puissances signataires du traité de Vienne.
Les puissances ont adhéré à ce vœu. La France elle-même
a déclaré qu'elle ne s'y opposait point. Tel est l'état actuel
de la question de la neutralité suisse, qui, depuis deux
mois, agite l'Europe.

Cette question est fort mal connue en France, où l'eni-
vrement des nouvelles annexions l'a reléguée au second
plan. Quand il s'agit d'une conquête, d'un agrandisse-
ment territorial, d'un accroissement d'influence au delà
des frontières, les Français sont unanimes, et il serait
injuste de leur en vouloir. C'est une conséquence de leur
esprit belliqueux, aventureux et éminemment civilisa-
teur.

Mais nous en voulons à la presse française qui n'a v

dans les réclamations de la Suisse, qu'un trouble-fête, dans ses protestations, que le cri de la grenouille qui voudrait se faire aussi grosse que le bœuf. On a beaucoup ri des traités de 1815, invoqués par la Confédération suisse ; mais on en a ri à la manière du riche qui déclare qu'on ne meurt jamais de faim.

Qu'une grande nation comme la France rie des traités, elle le peut. Car les traités, ce sont ses pareilles qui les font, les défont et les modifient à leur gré. Mais les petits États n'en rient point, car ils en vivent. Les traités sont leur sauvegarde, la condition de leur existence, la garantie de leur inviolabilité.

Les traités sont faits pour protéger les petits États, comme la loi pour protéger les faibles. Voilà ce que la presse française paraît avoir oublié (1). Mais nous connaissons assez l'esprit généreux qui anime la nation au milieu de laquelle nous avons le bonheur de vivre, pour ne pas douter un instant que ce point de vue ne lui fasse regretter bien des excès de plume et d'esprit, et qu'elle n'en vienne à rétracter loyalement toutes les duretés dont elle a accablé la Suisse depuis trois mois.

C'est dans ce but que nous osons maintenant élever la voix en faveur d'un petit pays dont on a méconnu le caractère et les intentions. Nous ne faisons pas ici de la diplomatie. Nos vues diffèrent sur plusieurs points peut-être de celles du gouvernement suisse ou de ses représentants, mais elles ont cela pour elles, qu'elles nous sont

(1) Il ne s'agit ici que de la presse quotidienne.

inspirées par une sollicitude égale pour deux pays, dont l'un nous a donné la naissance et l'autre l'hospitalité.

L'annexion de la Savoie peut être considérée comme consommée par la double opération d'un traité de cession entre la Sardaigne et la France, et du vote presque unanime des populations savoisiennes. La décision du parlement sarde ne nous paraît pas douteuse.

La question de la neutralité de la Suisse subsiste, mais isolée de toute considération irritante, de toute arrière-pensée, de toute espérance compromettante.

Il ne s'agit plus que d'aviser aux moyens de concilier le traité de Turin avec l'article 92 des traités de Vienne qui incorpore le Chablais, le Faucigny et une partie du Genevois dans la neutralité de la Suisse. Tel est le but pour lequel la conférence va se réunir, telle est la question que nous croyons pouvoir traiter, si ce n'est avec un désintéressement absolu, du moins avec une modération commandée en même temps par le désir que nous avons de nous faire entendre, et par la nature même du sujet qui, en France du moins, ne passionne plus personne.

II.

Les réclamations de la Suisse ont d'abord excité en
France une espèce de stupéfaction comique. On s'est de-
mandé ce que la petite Confédération avait à voir dans
les affaires de la grande nation. La presse quotidienne
n'en a pas compris, et nous pourrions dire n'en com-
prend pas encore le premier mot. Tout en poursuivant
la pensée de l'annexion, elle s'est amusée, par manière
de passe-temps et pour donner essor à la joie que lui ins-
pirait la future possession de la Savoie et de Nice, à
déverser sur la Suisse le trop-plein de ses ironies et de
ses feintes colères. Toutes les belles phrases qu'elle avait
adressées à la Suisse lors de l'affaire de Neuchâtel, elle
les a retournées et en a fait des épigrammes. Si les principes en ont souffert, tant pis pour eux !

En se plaçant à un point de vue tout français, et qui
trahissait, du reste, sa profonde ignorance de la question,
elle a accusé la Confédération suisse de vouloir profiter
des conquêtes de la France pour agrandir son territoire.

Elle n'oubliait qu'un point : C'est que la Suisse est une Confédération, une agglomération de petits États librement unis les uns aux autres, mais vivant chacun de sa propre vie, se suffisant à soi-même, et n'apportant au pouvoir fédéral que l'appui de ses conseils en temps de paix et de son bras en temps de guerre.

Quel avantage pourrait retirer un pareil État d'une augmentation de territoire? Aucun, évidemment, si ce n'est, comme dans le cas actuel, de conserver une frontière militaire nécessaire à la défense de sa neutralité.

Non! la Suisse n'a ni le besoin ni le désir de s'agrandir. Elle se resserrerait bien plutôt, tant elle désire rester neutre, inaperçue et heureuse dans ses vallées, si ses frontières, si énergiquement tracées par la nature, le lui permettaient. Sous ce rapport, la presse française et avec elle l'opinion de ses lecteurs, a complétement fait fausse route. On a prêté à la Suisse des ambitions toutes françaises. On a dénaturé son caractère en l'assimilant à une grande nation.

Il n'y a vraiment plus lieu de s'étonner de ce qu'on ait trouvé ses protestations si parfaitement ridicules! Certes, elles l'eussent été au premier degré si la Suisse avait cédé un seul instant à un sentiment qui n'appartient qu'aux nations monarchiques! On n'a en France qu'une idée très-vague et très-imparfaite de ce qui constitue une république. La Suisse pourrait en sourire à son tour, mais elle fera bien de ne pas abuser de sa vieille expérience vis-à-vis d'un pays qui a payé si cher les siennes.

III.

Le gouvernement seul a donné satisfaction, dans la
mesure de son appréciation et de ses vues, aux droits
de la Suisse. Aussi la presse a-t-elle été fort désappoin-
tée lorsqu'en citant l'article 2 du traité de Turin, elle a
dû reconnaître que, de l'aveu même de l'Empereur et du
roi de Sardaigne, il y avait lieu « de s'entendre tant avec
les puissances représentées au Congrès de Vienne qu'a-
vec la Confédération helvétique, et de leur donner les
garanties qui résultent des spéculations des traités. » La
presse avait déchiré à belles mains les traités que l'Empereur s'engageait solennellement à observer ! Elle mon-
trait alors ses trous au coude, la pauvre presse parisienne, et se trouvait prise en flagrant délit d'ignorance.

Quels étaient donc ces droits de la Suisse ? Comment
pouvaient-ils être assez forts, assez fondés, assez respec-
tables pour nécessiter une restriction dans une cession
faite de souverain à souverain ? Voilà ce que la
press française n'a fait qu'examiner très-superficielle-

ment avec le parti-pris bien accusé d'agir vis-à-vis des
traités comme un avocat vis-à-vis du code, c'est-à-dire
de les retourner et de les dénaturer à son gré.

Voici en quoi consistaient ces droits :

En 1814 et 1815, l'Europe, en reconnaissant l'indépendance de la Confédération helvétique et en proclamant
sa neutralité, avait témoigné l'intention, non-seulement
de lui rendre ses anciennes limites, mais encore de lui en
donner de plus naturelles et de plus faciles à défendre, au
moyen de quelques agrandissements. Dans la note du 22
avril 1814, des envoyés plénipotentiaires d'Autriche, de
Prusse et de Russie, on lit : « *La volonté des puissances
est d'assurer à la Suisse une frontière naturelle et forte,
qui puisse être défendue même contre des forces supé-
rieures.* » Il fut alors question, déjà lors du premier
congrès de Paris, de restituer à la Suisse Genève, Neuchâtel, le Valais et la Valteline, et de porter ses frontières
jusqu'aux hautes cimes des Alpes et du Jura, par l'annexion du Chablais, du Faucigny et du pays de Gex, de
tout le bassin du Léman, et de lui confier la garde du
passage du Simplon.

Ces résolutions, combattues par la France et la Sardaigne, ne furent réalisées qu'en partie, malgré le vœu
exprimé par les députés des trois provinces savoisiennes.

Plus tard, un député de Genève, M. Pictet de Roche-
mont, fut chargé de demander au congrès de Vienne
l'annexion au territoire suisse, d'une partie de la Savoie
et du pays de Gex. Sa demande ayant été écartée, il
s'adressa directement au roi de Sardaigne par l'intermé-

diaire de M. de Saint-Marsan. Les deux plénipotentiaires, frappés de l'importance militaire qu'avait acquise la vallée du Rhône depuis le passage du grand Saint-Bernard par le général Bonaparte, et la création de la route du Simplon, comprirent que le pays qui sépare Genève du Valais devenait essentiel au maintien de la neutralité suisse. On proposa ou de réunir à la Suisse les bassins de la Dranse et de l'Arve, ou de les agréger à la Confédération comme l'avait été la principauté de Neuchâtel, c'est-à-dire que la rive savoisienne eût conservé son prince tout en faisant partie de l'alliance helvétique.

Ces deux moyens ayant été rejetés, on eut alors l'idée, nouvelle dans le droit européen, d'incorporer cette partie de la Savoie dans la neutralité helvétique. L'expérience avait démontré que dans les guerres entre l'Autriche et la France, le Piémont ne pouvait rester neutre, mais qu'il était en même temps hors d'état de défendre la Savoie où ses troupes isolées du reste du pays auraient été facilement coupées. On confia donc à la Suisse la tâche de défendre le Chablais et le Faucigny. En échange, la cour de Turin accordait à Genève une concession territoriale peu considérable; car la Suisse se trouvait suffisamment avantagée par une extension de sa neutralité qui lui rendait désormais possible la défense de Genève et du canton de Vaud.

Nous n'accordons qu'une médiocre importance à la question tant débattue de savoir si la neutralisation des provinces savoisiennes a été instituée dans l'intérêt de la Sardaigne ou dans celui de la Suisse. Le fait principal, c'est l'assimilation de ce territoire à celui de la Suisse vis-à-vis de l'Europe, et le droit de la Suisse de pouvoir seule l'occuper en temps de guerre. Nous avons vu que la Suisse et la Sardaigne y trouvaient toutes deux la satisfaction de leurs vues. Mais c'est l'Europe surtout, comme nous allons le démontrer, qui y était le plus vivement intéressée. C'est l'Europe qui, pour fermer la porte des Alpes, y avait placé la Suisse, comme une sentinelle sur laquelle elle avait lieu de compter. Que cette tâche ait été pour la Suisse une prérogative ou une charge, le devoir de la gardienne des Alpes était le même vis-à-vis d'un changement quelconque au *statu quo*. Si elle a crié *Qui vive!* c'est pour défendre son devoir comme pour défendre son droit. C'est l'intérêt de l'Europe plutôt que le sien propre qui lui a dicté ses protestations. Décidée à défendre son poste jusqu'au dernier moment, elle attend que la Conférence vienne la relever de sa faction et lui donner un nouveau mot d'ordre.

Le 29 mars 1815, les huit puissances représentées au Congrès de Vienne sanctionnèrent la neutralité des provinces de la Savoie dans l'intérêt de l'Europe, de la Sardaigne et de la Suisse. L'instrument à teneur duquel le roi de Sardaigne consentit une cession de territoire en faveur de Genève, renferme la disposition suivante, garantie par les puissances le 29 mars 1815 et confirmée formellement par l'art. 92 de l'acte du Congrès de Vienne :

« Que les provinces du Chablais et du Faucigny et tout
« le territoire au nord d'Ugine, appartenant à Sa Majesté,

« fassent partie de la neutralité suisse, garantie par tou-
« tes les puissances ; c'est-à-dire que toutes les fois
« que les puissances voisines de la Suisse se trouveront
« en hostilités ouvertes ou imminentes, les troupes de
« S. M. le roi de Sardaigne, qui pourraient se trouver
« dans ces provinces, se retireront et pourront à cet effet
« passer par le Valais, si cela devient nécessaire ; *qu'au-*
« *cune autres troupes armées d'aucune puissance ne pour-*
« *ront y stationner, ni la traverser, sauf celles que la*
« *Confédération suisse jugerait à propos d'y placer.* Bien
« entendu que cet état de choses ne gêne en rien l'admi-
« nistration de ces provinces, où les agents civils de
« S. M. le Roi pourront aussi employer la garde muni-
« cipale pour le maintien du bon ordre. »

Enfin, le message fédéral nous fait connaître la déclaration expédiée et signée à Paris le 20 novembre 1815, et
qui n'est pas moins explicite. La voici :

« Les puissances *reconnaissent et garantissent* égale-
« ment la neutralité des parties de la Savoie, désignées
« par l'acte du Congrès de Vienne du 29 mars 1815 et
« par le traité de Paris de ce jour, comme devant jouir
« de la neutralité de la Suisse *de la même manière que si*
« *elles appartenaient à celle-ci.*
« Les puissances signataires de la déclaration du 20
« mars reconnaissent authentiquement, par le présent
« acte, que *la neutralité et l'inviolabilité de la Suisse et*
« *son indépendance de toute influence étrangère, sont*

« *dans les vrais intérêts de la politique de l'Europe en-*
« *tière.* »

Voilà sur quels documents sont fondés les droits de la
Suisse, que la presse parisienne se refuse à reconnaître,
et que le gouvernement plus juste et mieux renseigné sur
le droit international, a confirmés, conjointement avec le
roi de Sardaigne, par l'article 2 du traité de Turin :

« Il est entendu, dit cet article, que S. M. le Roi de
« Sardaigne ne peut transférer les parties neutralisées de
« la Savoie qu'aux conditions auxquelles il les possède
« lui-même, et qu'il appartiendra à S. M. l'Empereur des
« Français de s'entendre à ce sujet tant avec les puis-
« sances représentées au Congrès de Vienne qu'avec la
« Confédération helvétique, et de leur donner les garan-
« ties qui résultent des stipulations rappelées dans le
« présent article. »

IV.

Les droits de la Suisse sont donc bien positivement garantis et constatés aujourd'hui par les signataires mêmes du traité de cession de la Savoie. Mais nous ne nous faisons pas illusion sur cet immense avantage accordé à la Confédération, qui, certes, ne l'aurait mérité de la part des puissances monarchiques ni par ses principes ni par son histoire. Ce n'est pas pour faire plaisir à la Suisse qu'on lui a accordé une frontière stratégique ou qu'on a garanti sa neutralité. Ce n'est ni parce qu'elle est une République, ni parce qu'elle est l'asile des proscrits de toutes les nations, ni parce qu'elle représente en Europe l'élément démocratique, ni parce qu'on l'appelle dans les beaux jours « la terre classique de la liberté, » mais uniquement, n'est-il pas vrai, dans l'intérêt des puissances?

Eh bien! nous le demandons, cet intérêt n'est-il plus le même? les passages des Alpes ont-ils perdu de leur importance? Cette barrière salutaire, placée entre l'Autriche et la France, l'Italie et l'Allemagne, a-t-elle cessé de tenir sa place dans les convenances stratégiques de l'Europe?

Voilà la véritable question! Que les puissances veuillent bien se replacer sur le même terrain qu'en 1815 et comparer leurs intérêts d'alors à leurs intérêts d'aujourd'hui, et elles seront de notre avis.

Quant à la Suisse, nous ne voyons pas qu'elle y soit intéressée au même degré que les puissances monarchiques. Elle n'a rien à craindre du Piémont, quels que soient ses agrandissements, car le Piémont a affaire ailleurs. Tant que l'Empereur Napoléon III vivra, elle n'aura rien à craindre de la France, qui d'ailleurs, si elle voulait attaquer la Suisse, y pénétrerait facilement par Bâle ou par le pays de Gex.

Elle n'a à craindre que pour sa neutralité, qui se trouverait à jamais compromise le jour où on lui retirerait la frontière stratégique que l'Europe a jugée indispensable à la défense de ce principe. Or, depuis que la Suisse est neutre, elle a cessé d'être un danger pour l'Europe, elle a religieusement observé les devoirs que lui imposait cette garantie, elle est devenue, selon l'expression d'un homme d'État suisse, « la forteresse permanente de la paix en Europe. » Une fois affranchie des devoirs de sa neutralité, la Suisse passerait, au contraire, pour un foyer de révolution, une chaudière en ébullition toujours prête à éclater, un auxiliaire puissant pour telle puissance envahissante contre telle autre, un véritable danger pour l'Europe.

La Suisse serait la dernière à souhaiter qu'on la réduisît à ce triste rôle. Heureuse de pouvoir développer à l'aise ses institutions républicaines, elle sait qu'elle ne doit cet avantage qu'à l'intérêt commun des puissances. Elle tremblerait pour son existence le jour où elle se verrait livrée aux hasards des événements extérieurs. Mais, enfin, elle n'en mourrait pas nécessairement, et l'Autriche, l'Allemagne, le Piémont, la France, y perdraient tout autant de garanties de sécurité qu'elle-même.

« Cette neutralité de la Suisse (dit M. Thiers dans son
« *Histoire du Consulat et de l'Empire*) est un obstacle
« que la politique de l'Europe a sagement placé entre la
« France et l'Autriche, pour diminuer les points d'atta-
« que entre ces deux redoutables puissances. Si, en effet,
« la Suisse est ouverte à l'Autriche, celle-ci peut s'avan-
« cer avec ses armées en communiquant librement de la
« vallée du Danube à la vallée du Pô, et en menaçant les
« frontières de la France, depuis Bâle jusqu'à Nice.
« C'est pour la France un immense danger. »

Puisque donc la neutralité perpétuelle de la Suisse a été solennellement proclamée comme étant « dans les intérêts de l'Europe entière, » c'est au nom de ces intérêts qui n'ont point changé, de cette garantie de paix et de sécurité représentée par la neutralité suisse, que les puissances doivent conserver à la Confédération, vis-à-vis du nouvel état de choses en Savoie, le rôle de gardienne des Alpes, rôle dont elle n'a jamais cessé de se rendre digne.

V.

Nous n'avons pas à revenir sur les motifs qui ont pu
décider la France à demander l'annexion de la Savoie et
de Nice. M. le ministre des affaires étrangères a déclaré qu'ils étaient tout à fait étrangers à toute pensée d'envahissement futur. Voici donc comment nous
nous expliquerons la chose : l'Empereur des Français est
parti pour l'Italie avec le sincère désir d'y mettre fin à
la domination de l'Autriche, d'affranchir l'Italie, et de
donner au Piémont, qui paraissait l'avoir mérité, l'initiative d'une réorganisation politique de la Péninsule.
Comme l'a dit Sa Majesté, c'est bien *pour une idée* et sans
aucune arrière-pensée de conquête ou d'annexion qu'il a
accompli les grands faits d'armes qui ont étonné l'Europe.

Mais depuis la paix de Villafranca, lorsqu'il a vu le
Piémont détruire une à une toutes les stipulations de
cette paix, soulever l'Italie centrale, et provoquer l'an-

nexion des Principautés et des Romagnes, en dépit des foudres du Vatican, alors l'Empereur est retourné en arrière, et a dit à S. M. le roi de Sardaigne : « Vous allez un peu vite en besogne. Permettez-moi de vous arrêter un moment. Je vous ai délivré de vos ennemis, je vous ai donné des territoires immenses. Maintenant il me faudrait deux petites garanties : un port au midi de vos États et une citadelle au nord. Je regrette que la citadelle soit précisément votre maison paternelle, votre berceau, votre coin de prédilection. Mais elle me convient, pour certaines raisons que l'Europe appréciera sans peine. »

Que vouliez-vous que répondît le roi de Piémont, dont le regard ardent plongeait dans les horizons méridionaux et n'avait plus le loisir de se tourner du côté des Alpes ? Il dut consentir aux deux cessions qu'on lui demandait, et la France peut maintenant être tranquille de ce côté-là.

On voit que mon explication est tout à l'avantage du gouvernement français, et que, tout Suisse d'origine que je suis, je comprends fort bien les motifs qui ont pu engager la France à rechercher les deux annexions de la Savoie et de Nice.

Mais j'en tire la conséquence que le gouvernement français tiendra à prouver que ces annexions sont un fait spécial et isolé qui ne présente en principe aucun danger pour le repos de l'Europe. Je crois que la France est tout aussi intéressée que les autres puissances à sauvegarder la neutralité de la Suisse, et que c'est dans ce but qu'elle a stipulé la réserve contenue dans l'art. 2 du traité de Turin, et consenti à la réunion d'une conférence. Cette position de la France nous met à l'aise pour examiner les moyens les plus propres à réaliser le but désiré.

VI.

A en juger par les réponses des diverses puissances signataires, soit aux notes du Ministre des Affaires Étrangères, soit aux protestations de la Suisse, il semblerait qu'on soit disposé à donner satisfaction à cette dernière en maintenant la neutralisation des provinces de la Savoie telle qu'elle avait été stipulée par les traités que nous avons cités. La France s'engagerait en outre à ne point fortifier les rives méridionales du lac Léman, et à n'établir sur ce lac aucune flottille de guerre. S'engagerait-elle en même temps à ne point occuper militairement ces provinces et à abandonner leur défense aux troupes helvétiques dans le cas d'une guerre aux environs ? Nous en doutons fort ; car la France est une puissance militaire qui ne pourrait ni dégarnir absolument de troupes une partie de son territoire, ni le livrer à la garde d'une puissance étrangère.

D'un autre côté, la naturalisation de ces provinces devenues françaises ne présenterait nullement à la Suisse les mêmes sécurités qu'auparavant. Il est évident que le changement de souverain est pour la Confédération un fait d'une très-grande importance. Avec une puissance de second ordre telle que la Sardaigne, un pareil état de choses était acceptable. Il ne le serait plus vis-à-vis d'une puissance militaire de premier ordre telle que la France, qui, d'ailleurs, occupe déjà toute la frontière occidentale de la Suisse.

C'est, du reste, ce que le gouvernement français lui-même a reconnu implicitement lorsque, par l'organe de M. Thouvenel, il a donné au Ministre de la Suisse, à Paris, les assurances suivantes, citées dans le *Message du Conseil fédéral* du 28 mars 1860 :

« L'Empereur m'a chargé de vous dire que si l'annexion devait avoir lieu, il se ferait un plaisir, par sympathie pour la Suisse à laquelle il porte un intérêt particulier, d'abandonner à la Suisse, comme son propre territoire, comme une partie de la Confédération helvétique, les provinces du Chablais et du Faucigny. »

C'était, en effet, le seul moyen de compenser le désavantage qui résultait pour la Suisse du changement apporté au *statu quo*. Mais depuis, le gouvernement français n'a pas cru devoir confirmer ces assurances, et il s'est, au contraire, prononcé contre tout démembrement de la Savoie.

En présence de cet état de choses, on se demande comment on pourrait arriver à rendre à la Suisse les garanties de sa neutralité, du moment que ni la neutralisation des provinces telle qu'elle existait sous le régime piémontais, ni l'annexion de ces provinces à la Suisse, ne présentent une solution probable.

On a parlé d'une frontière stratégique restreinte, qui s'étendrait des rives méridionales du lac Léman jusqu'aux sommets des premières Alpes qui séparent le bassin de la Dranse de celui de l'Arve. Ce projet donnerait certainement à la Suisse une garantie à peu près équivalente à l'état de choses actuel, et nous croyons que si la Conférence pouvait faire prévaloir ce projet, la Suisse ferait bien de se déclarer satisfaite.

Quant à la crainte d'un démembrement, elle est absolument chimérique pour qui connaît les conditions géographiques, ethnologiques et historiques de la contrée.

Dans l'adresse présentée à S. M. l'Empereur par les comités savoisiens, contre l'annexion, et appuyée de douze mille signatures, les pétitionnaires faisaient ressortir ainsi les vraies conditions de la Savoie du nord :

« Il nous semble que, dans la division actuelle des peuples de l'Europe, les Alpes de la Savoie du midi ont une destination complétement distincte de celle de la Savoie du nord. Dans les premières, se trouvent les passages du mont Cenis et du petit Saint-Bernard. Descendant par ces défilés, une armée venant d'Italie, pourrait déboucher directement sur le sol français. Il est de l'intérêt de la France d'occuper le versant de cette partie de nos montagnes. Les Alpes de la Savoie du nord aboutissent toutes à la Suisse ; elles sont nécessaires à cette puissance pour la défense des passages du grand Saint-Bernard et du Simplon qui ont été confiés à sa neutralité.

« D'autre part, la Savoie du nord est un pays pauvre, purement agricole. C'est en Suisse que le Savoisien du nord vend ses produits, qu'il achète tout ce dont il peut avoir besoin. Il n'a aucune relation avec les provinces du midi ; il ne va à Chambéry ou à Annecy que lorsqu'il y est appelé par des affaires administratives ou judiciaires. Le sol français le voit plus rarement encore, parce qu'il ne peut s'y rendre qu'en traversant le territoire d'un peuple étranger ou en faisant un long détour. »

Le mot de démembrement est donc ici assez mal placé. Il y aurait eu démembrement si l'on eût détaché ces provinces de la monarchie sarde. Mais, du moment qu'elles passent à une autre nationalité, elles retombent dans le domaine de l'histoire. Or, on se rappelle qu'autrefois la Savoie, le canton de Vaud, le bas Valais et Genève ne formaient qu'un seul et même pays, dont la limite méridionale était précisément dans la chaîne des Alpes qui sépare la Savoie du midi de celle du nord.

Il y aurait donc ici retour logique à l'ancienne nationalité de la part du nord de la Savoie et non démembrement. Ce point de vue n'a aucune autre base que la base politique, très-variable, comme on le voit.

L'établissement d'une zone libre serait entièrement dans l'intérêt de la Savoie du nord, sans offrir à la Suisse aucun avantage. Nous en avons la preuve dans l'appel

ci-après placardé dans les communes du Chablais, et qui
ne paraît pas avoir été sans influence sur le résultat de la
votation dans cette partie de la Savoie :

« Chablaisiens !

« Les événements qui, dans le courant de l'année der-
« nière, se sont succédé avec une foudroyante rapidité,
« ont déterminé le magnanime *Victor-Emmanuel* à céder
« les versants français des Alpes à son puissant et géné-
« reux allié.

« Dans cette grave conjoncture, des citoyens dévoués
« ont pris une courageuse initiative pour obtenir à notre
« belle province des franchises douanières sans lesquelles
« elle ne peut vivre et prospérer.

« Grâces leur soient rendues.

« Le succès a couronné leurs patriotiques efforts. La
« *zone* nous est solennellement promise.

« Déjà l'élection politique a sanctionné cette noble ini-
« tiative, en faisant sortir de l'urne électorale les noms
« des deux candidats dont le programme était *France et*
« *zone.*

« Aujourd'hui, vous êtes appelés à lui donner une sanc-
« tion plus solennelle.

« Que la grande voix du peuple se fasse entendre pour
« dire que ses vœux ont été bien interprétés.

« Chablaisiens !

« Que pas un de vous ne manque à déposer son vote
« dans l'urne du scrutin ! Est-il besoin de vous dire qu'en

« ce moment suprême, toute négligence, toute abstention
« serait un crime de lèse-patrie.

« *Le comité chablaisien :*

« D.-M. NOEL ; BASTARD ; BEAURAIN ;
« COTTET, notaire ; PELLISSIER, ma-
« jor ; D. FOLLIET, médecin. »

VII.

Nous ne voyons d'autre solution à tant de difficultés
que dans un retour du gouvernement français aux sages
promesses qu'il avait faites à la Suisse dans les mois de
janvier et de février derniers.

En présence de l'inquiétude qu'a donnée à l'Europe
l'annexion de la Savoie et de Nice, de l'irritation produite
en Angleterre et en Allemagne par ces annexions que
lord Russell croyait « susceptibles d'être étendues dans
« de vastes et dangereuses proportions, » la France
comprendra qu'il est nécessaire de rassurer l'Europe,
soit sur des éventualités imaginaires, soit surtout sur
le maintien de la neutralité suisse, qui est sérieuse-
ment en question. Nous en avons la ferme espérance :
la Conférence, qu'elle ait lieu avant ou après la votation
sur l'annexion dans le Parlement sarde, aura la fortune
de rétablir la confiance en Europe. Le gouvernement
français, jaloux de conserver sa prépondérance dans les
conseils de l'Europe, s'y montrera disposé à d'autant
plus de concessions, que ses intentions n'auront point
été d'inaugurer une ère de conquêtes et d'envahisse-

ments. La Suisse redeviendra la forteresse permanente de la paix, et l'Angleterre tendra de nouveau la main à une alliance qui a paru jusqu'à présent si utile à la prospérité de l'Europe.

Telles seraient nos conclusions. Mais qu'on nous permette un mot sur la nécessité de la Conférence, que quelques journaux semblent mettre encore en question.

Nous ne comprenons pas qu'on puisse conserver sur ce point l'ombre d'un doute. Si la Suisse demande une conférence, c'est pour être déchargée des conséquences de sa dernière protestation contre la votation. Maintenant que la votation est connue, la France pourrait se croire en droit d'occuper militairement les provinces neutralisées. Nous croyons cependant qu'elle s'en tiendra à la déclaration qu'elle a faite à MM. Kern et Dufour, par l'organe de M. Thouvenel, de ne point occuper le territoire en litige jusqu'à ce que les puissances aient avisé aux moyens de sauvegarder la neutralité de la Suisse.

Mais le cas échéant, la Suisse ne pourrait reculer. Le texte est clair : *aucunes autres troupes armées d'aucune puissance ne pourront y stationner, ni les traverser, sauf celles que la Confédération suisse jugerait à propos d'y placer.*

La Conférence des puissances signataires seule peut délier la Suisse de ce devoir si nettement tracé, et c'est le seul moyen qui soit donné à la Confédération de renoncer à ses protestations et à l'accomplissement d'une tâche qu'elle paraît décidée à remplir jusqu'au bout.

Nous n'examinerons pas la question de savoir si le Piémont, ainsi que le désirerait la France, pourrait se faire représenter dans la Conférence. Nous ferons seulement observer que le Piémont n'est point signataire des traités qui ont garanti la neutralité de la Suisse. Cependant, comme la Suisse invoque à l'appui de ses droits le traité de cession du roi de Sardaigne en faveur de Genève du 16 mars 1816, nous ne pensons pas qu'elle s'oppose à la représentation de la Sardaigne.

La Conférence aura-t-elle lieu à Paris ou à Bruxelles, comme le désirent l'Angleterre, la Prusse, et sans doute aussi la Suisse ? Ce point n'est pas sans importance, et la France, qui a jugé convenable de conclure à Zurich les arrangements de la guerre d'Italie, se joindra sans doute volontiers à l'opinion de ceux qui voudraient que la Conférence se réunît sur un terrain neutre.

D'après le *Bund*, le gouvernement français aurait offert à la Suisse cinquante millions pour le rachat de ses droits sur les districts septentrionaux de la Savoie. Ceci ne nous paraît pas sérieux. La Suisse, qui a refusé de se défaire à prix d'or de la vallée des Dappes, qui n'est après tout qu'un embarras pour elle, parce qu'elle ne veut pas vendre une parcelle de son territoire, pas plus qu'elle ne veut continuer à livrer au service étranger un seul de ses fils, ne consentira jamais à renoncer à son droit, à faillir à son devoir, pour une somme quelconque.

Non. La Conférence seule pourra délier la Suisse de ses obligations vis-à-vis de l'Europe. C'est pourquoi la Conférence est nécessaire, inévitable, urgente. Si nous avons réussi à prouver que la neutralité de la Suisse est, dans l'intérêt de l'Europe, dans l'intérêt de la France elle-même, une nécessité de premier ordre, on cessera de douter de l'opportunité d'une conférence, et les puissances aviseront aux moyens de la réunir le plus tôt possible.

FIN.

www.ingramcontent.com/pod-product-compliance
Lightning Source LLC
Chambersburg PA
CBHW051749050726
47598CB00003B/1398